HEYNE
BÜCHER

HEYNE KOCHBÜCHER

Dr. Oetker

Kartoffeln & Gratins

50 KLASSIKER

WILHELM HEYNE VERLAG
MÜNCHEN

Vorwort

Kartoffeln – diese tollen Knollen gehören auf den Teller und nicht in den Keller. Ob geschwenkt, püriert, frittiert, überbacken oder gebraten. Mit abwechslungsreichen Zubereitungsideen locken Sie kleine und große Esser an den Küchentisch. Und wir helfen Ihnen dabei.

Die Rezepte sind einfach zuzubereiten und, soweit nicht anders vermerkt, für 4 Personen ausgerichtet.

Inhaltsübersicht

Suppen & Salate

Altdeutsche Kartoffelsuppe

Zutaten:

700 g mehlig kochende Kartoffeln
50 g Sellerie
3 Möhren
100 g Butter
1 ½ l Fleischbrühe
2 Zwiebeln
1 Lorbeerblatt
1 Nelke
1 Stange Porree (Lauch)
125 ml (⅛ l) Schlagsahne oder Crème fraîche
Salz
frisch gemahlener Pfeffer
Majoran
geriebene Muskatnuss
200 g Pfifferlinge
2 EL gehackte Kräuter (Kerbel, Schnittlauch, glatte Petersilie)

1. Kartoffeln, Sellerie und Möhren putzen, schälen, waschen und in Würfel schneiden. Die Hälfte der Butter zerlassen, Sellerie und Möhren darin andünsten. Kartoffeln und Fleischbrühe dazugeben.

2. Zwiebeln abziehen. 1 Zwiebel mit Lorbeerblatt und Nelke spicken, in die Brühe geben und zugedeckt etwa 20 Minuten kochen. Porree putzen, gründlich waschen, in Ringe schneiden und in der Suppe etwa 10 Minuten kochen. Die gespickte Zwiebel entfernen.

3. Etwa ⅓ der Kartoffel-Gemüsemischung aus der Suppe schöpfen, pürieren, mit Sahne oder Crème fraîche verrühren und wieder in die Suppe geben. Die Suppe mit Salz, Pfeffer, Majoran und Muskatnuss würzen.

4. Pfifferlinge putzen, mit Küchenpapier abreiben, evtl. waschen und abtropfen lassen. Die restliche Zwiebel in feine Würfel schneiden. Die restliche Butter zerlassen, die Zwiebelwürfel darin andünsten. Die Pilze dazugeben und 5 Minuten dünsten, in die Suppe geben, etwa 5 Minuten ziehen lassen und mit den Kräutern bestreuen.

Kartoffelcremesuppe mit Krabben (Foto - 3 Portionen)

Zutaten:

2 mittelgroße Zwiebeln
1 Bund Suppengrün
15 g Butter oder Margarine
250 g Kartoffeln
500 ml (½ l) Gemüsebrühe
125 ml (⅛ l) Schlagsahne
Salz
frisch gemahlener Pfeffer
gerebeltes Basilikum
100 g Krabbenfleisch
gehackte Kerbelblättchen

1. Zwiebeln abziehen und würfeln. Suppengrün putzen, waschen und klein schneiden. Die Butter oder Margarine zerlassen, das Gemüse darin andünsten.

2. Kartoffeln schälen, waschen, in Würfel schneiden, mit der Brühe hinzufügen, zum Kochen bringen, etwa 20 Minuten kochen lassen.

3. Die Suppe pürieren, durch ein Sieb passieren. Sahne hinzugießen, erhitzen, die Suppe mit Salz, Pfeffer und Basilikum würzen.

4. Die Suppe anrichten, mit Krabben und Kerbelblättchen bestreuen.

Tipp

Zu der Suppe Blätterteiggebäck reichen. Die Suppe kann anstatt mit Krabben auch mit gerösteten Brötchenwürfeln bestreut werden: Dafür 1 Brötchen würfeln und in 20 g Butter rösten. Sehr raffiniert ist es auch, 1 Hähnchenbrustfilet (etwa 150 g) in Streifen zu schneiden, in heißem Öl etwa 5 Minuten zu braten, zu salzen und die gebratenen Hähnchenbruststreifen mit 1 Esslöffel Crème fraîche in der Suppe zu servieren.

Kartoffelsuppe „Rasputin“

Zutaten:

375 g Rindfleisch
2 EL Speiseöl
1 l Fleischbrühe
600 g mehlig kochende Kartoffeln
1 Bund Suppengrün
Salz, Pfeffer
gerebelter Majoran
150 g durchwachsener Speck
2 EL saure Sahne
2 EL gehackte Petersilie

1. Rindfleisch unter fließendem kalten Wasser abspülen, trockentupfen und würfeln. Öl erhitzen und das Fleisch von allen Seiten gut darin anbraten. Die Brühe zugeben, etwa 40 Minuten kochen lassen.

2. Kartoffeln schälen, waschen, würfeln, zum Rindfleisch geben. Suppengrün putzen, waschen, in Scheiben schneiden. Suppengrün in die Suppe geben, mit Salz, Pfeffer und Majoran würzen, in etwa 20 Minuten gar kochen. Einen Teil der Kartoffeln zerdrücken.

3. Speck würfeln, ausbraten, zum Schluss mit der sauren Sahne auf die Suppe geben, mit Petersilie bestreut servieren.

Vichyssoise (Foto)

Zutaten:

1 l Fleischbrühe
1 Lorbeerblatt
500 g Kartoffeln
1–2 Stangen Porree (Lauch)
125 ml (⅛ l) Schlagsahne
Salz
frisch gemahlener Pfeffer
geriebene Muskatnuss

2 Scheiben Toastbrot
60 g Butter
½ Bund Schnittlauch

1. Brühe mit Lorbeerblatt zum Kochen bringen.

2. Kartoffeln schälen, waschen, würfeln. Porree putzen, gründlich waschen, in Ringe schneiden und evtl. nochmals waschen. Kartoffelwürfel und Porreeringe in die Brühe geben, zum Kochen bringen und in etwa 25 Minuten gar kochen lassen, das Lorbeerblatt entfernen.

3. Suppe pürieren, evtl. durch ein Sieb streichen und die Sahne unterrühren. Suppe mit Salz, Pfeffer und Muskat abschmecken, abkühlen lassen und kalt stellen.

4. Das Toastbrot evtl. entrinden, in kleine Würfel schneiden und in der Butter goldgelb rösten, erkalten lassen. Den Schnittlauch abspülen, trockentupfen und in feine Röllchen schneiden. Die kalte Suppe mit Schnittlauch und Croûtons bestreut anrichten.

Schlesische Kartoffelsuppe

Zutaten:

1 Zwiebel
75 g durchwachsener Speck
2–3 EL Speiseöl
½ Knollensellerie
1 Stange Porree (Lauch)
500 g Kartoffeln
1 l Gemüsebrühe
2 Paar Knoblauchwürste
2–3 Gewürzgurken
Salz
frisch gemahlener Pfeffer

1. Zwiebel abziehen und würfeln. Speck in Würfel schneiden. Öl erhitzen, Zwiebel und Speck darin andünsten.

2. Sellerie schälen, waschen und in Würfel schneiden. Porree gründlich waschen und in Scheiben schneiden (evtl. nochmals waschen). Kartoffeln schälen, waschen und in Würfel schneiden.

3. Gemüse zu der Speck-Zwiebel-Masse geben und mitdünsten lassen. Gemüsebrühe hinzugießen, zum Kochen bringen und in etwa 35 Minuten gar kochen lassen.

4. Knoblauchwürste und Gewürzgurken in Scheiben schneiden. Kurz vor Beendigung der Garzeit in die Suppe geben und miterhitzen. Mit Salz und Pfeffer abschmecken.

Zutaten:

800 g große Kartoffeln (4 Stück)
Salz
2 Zwiebeln oder Schalotten
4 dünne Scheiben durchwachsener Speck (30 g)
2 EL Speiseöl
2 EL Kräuteressig
Salz
frisch gemahlener Pfeffer
Borretschblätter

Kartoffelsalat mit Speck und Zwiebeln (Foto)

1. Die Kartoffeln waschen, in Wasser zum Kochen bringen, in etwa 30 Minuten gar kochen lassen, abgießen, abdämpfen, erkalten lassen und der Länge nach halbieren.

2. 4 Hälften mit Salz bestreuen, die anderen pellen, längs halbieren und in Scheiben schneiden.

3. Zwiebeln oder Schalotten abziehen und in Würfel schneiden. Die Speckscheiben in Streifen schneiden. Öl in einer Pfanne erhitzen und Schalottenwürfel und Speck darin glasig dünsten.

4. Essig, Salz und Pfeffer dazugeben, mit den Kartoffelscheiben mischen und auf die gesalzenen Kartoffelhälften geben. Mit Borretschblättern garnieren.

Zutaten:

750 g Salatkartoffeln
25 g TK-Kräuter
50 g Walnusskerne
250 ml (¼ l) Schlagsahne
1 EL mittelscharfer Senf
Salz
frisch gemahlener Pfeffer
Gurkenwasser
6 Matjesfilets
1–2 Zwiebeln
2 Essiggurken
2 säuerliche Äpfel

Kartoffel-Matjes-Salat

1. Kartoffeln waschen, in Wasser zum Kochen bringen, in 20–25 Minuten gar kochen lassen, abgießen, pellen, in Scheiben schneiden.

2. Kräuter mit grob gehackten Walnusskernen, Sahne und Senf verrühren, mit Salz, Pfeffer und Gurkenwasser abschmecken.

3. Matjesfilets abspülen, würfeln. Zwiebeln abziehen und mit den Essiggurken in kleine Würfel schneiden. Äpfel schälen, vierteln, entkernen, in Stifte schneiden.

4. Alle Zutaten in die Sahnesauce geben, die Kartoffeln unterheben. Den Salat 1–2 Stunden ziehen lassen.

Tipp

Wenn die Matjesfilets sehr salzig sind, sie evtl. 30 Minuten wässern.

Kartoffelsalat mit Pesto

Zutaten:

750 g fest kochende Kartoffeln

Für das Pesto:
1 Bund Basilikum
2 Knoblauchzehen
Salz
frisch gemahlener Pfeffer
75 g geriebener Parmesan
50 g gemahlene Pinienkerne
4 EL Estragonessig
10 EL Olivenöl
1 TL Sherry medium

1. Kartoffeln waschen, mit Wasser bedeckt zum Kochen bringen, in etwa 25 Minuten gar kochen lassen, abgießen, pellen und lauwarm in dünne Scheiben schneiden.

2. Für das Pesto Basilikum waschen und hacken. Knoblauchzehen abziehen.

3. Basilikum und Knoblauch mit den anderen Zutaten im Mixer pürieren.

4. Die Salatsauce (Pesto) über die Kartoffelscheiben gießen, vorsichtig mischen und im Kühlschrank etwa 2 Stunden ziehen lassen.

5. Den Salat evtl. nochmals mit Essig, Salz und Pfeffer abschmecken. Sollte der Salat die ganze Flüssigkeit aufgesogen haben, evtl. einige Esslöffel warmes Wasser oder Gemüsebrühe unterrühren.

Zutaten:

750 g fest kochende Kartoffeln
2 Zwiebeln
2 EL Essig
250 ml (¼ l) Gemüsebrühe
150 g TK-Erbsen
1 Bund Radieschen
1 kleiner Kopfsalat
200 g Allgäuer Emmentaler

Für die Salatsauce:
75 g Salatcreme
150 g Magermilchjoghurt
1 TL scharfer Senf
½ TL Currypulver
Salz
frisch gemahlener Pfeffer
1 Prise Zucker

Kartoffel-Käse-Salat (Foto – 6 Portionen)

1. Kartoffeln gründlich waschen, mit der Schale in etwa 20 Minuten gar kochen, abgießen, pellen und lauwarm in Scheiben schneiden.

2. Zwiebeln abziehen, würfeln, mit Essig und Gemüsebrühe aufkochen, die Kartoffeln damit übergießen und 30 Minuten durchziehen lassen.

3. Erbsen in Salzwasser etwa 2 Minuten blanchieren, auf ein Sieb geben, mit kaltem Wasser abspülen und abtropfen lassen.

4. Radieschen putzen, waschen und in feine Streifen schneiden. Kopfsalat (einige Blätter zurücklassen) in mundgerechte Stücke zerpflücken, waschen und gut abtropfen lassen. Emmentaler in Stifte schneiden.

5. Für die Salatsauce Salatcreme mit Joghurt, Senf und Curry verrühren, mit Salz, Pfeffer und Zucker würzen.

6. Kartoffeln, Erbsen und Radieschen mit der Salatsauce mischen und auf den Salatblättern anrichten. Käsestifte darüber geben.

Zutaten:

500 g junge Möhren
1 Bund Radieschen
250 g Champignons
600 g Pellkartoffeln
1 Bund Schnittlauch
1 Kästchen Kresse
300 g Kümmelkäse

Für die Salatsauce:
6 EL Olivenöl
3–4 EL Estragonessig
1 TL mittelscharfer Senf
Salz
frisch gemahlener, weißer Pfeffer
Salatblätter
Radieschen
Kresseblättchen

Frühlingssalat

1. Möhren putzen, schälen, waschen, in kochendes Salzwasser geben, zum Kochen bringen, 5–8 Minuten kochen, abtropfen und abkühlen lassen. Radieschen und Champignons putzen und waschen. Pellkartoffeln pellen. Die vier Zutaten in dünne Scheiben schneiden.

2. Schnittlauch abspülen, trockentupfen und fein schneiden. Kresse abspülen, trockentupfen und die Blättchen abschneiden. Kümmelkäse in feine Streifen schneiden.

3. Für die Salatsauce Öl mit Essig und Senf verrühren, mit Salz und Pfeffer würzen und mit den Salatzutaten vermengen. Den Salat etwas durchziehen lassen, auf Salatblättern anrichten, mit Radieschen und Kresseblättchen garnieren.

Beilage: Knoblauchbaguette.

Flämischer Salat

Zutaten:

600 g kleine fest kochende Kartoffeln
300 g Chicorée
6 Matjesfilets

Für das Dressing:
6 EL Fleischbrühe
6 EL Speiseöl
4 EL Weißweinessig
1 TL Salz
frisch gemahlener Pfeffer
Zucker
2 Zwiebeln
2 Stiele Estragon
1 Bund Kerbel

1. Kartoffeln waschen, mit Wasser bedeckt zum Kochen bringen, in etwa 20 Minuten gar kochen lassen, abgießen, pellen und lauwarm in Streifen schneiden. Chicorée putzen, halbieren, am Stielende die bitteren Keile herausschneiden, waschen. Chicorée in Streifen schneiden, einige Blätter zum Garnieren zurücklassen. Matjes würfeln.

2. Die Zutaten für das Dressing verrühren. Zwiebeln abziehen, fein würfeln und dazugeben. Estragon und Kerbel waschen, abtropfen lassen, einige Kerbelblättchen zurücklassen, die anderen Kräuterblättchen fein schneiden und zum Dressing geben.

3. Dressing über dem Salat verteilen, vorsichtig mischen. 30 Minuten abgedeckt ziehen lassen.

4. Nochmals vorsichtig durchheben und abschmecken. Den Salat anrichten, mit Chicoréeblättern garnieren und mit Kerbelblättchen bestreuen.

Kartoffel-Salat mit Spargel

(Foto - 6–8 Portionen)

Zutaten:

750 g neue, kleine Kartoffeln
800 g weißer Spargel
250 ml (¼ l) Wasser
Salz
1 TL Butter
1 Prise Zucker
100 g Zuckerschoten
2 EL Kräuteressig
200 ml Fleischbrühe
frisch gemahlener Pfeffer
30 g Kerbel
½ TL scharfer Senf
1–2 EL Zitronensaft
80 ml Olivenöl
50 g geräucherter Frühstücksspeck
Kerbelblättchen
Kirschtomaten

1. Kartoffeln waschen, in Wasser zum Kochen bringen, in 20–25 Minuten gar kochen.

2. Spargel von oben nach unten schälen, darauf achten, dass die Schalen vollständig entfernt, die Köpfe aber nicht verletzt werden. Die unteren Enden abschneiden (holzige Stellen vollkommen wegschneiden). Spargel abspülen und in 4 cm lange Stücke schneiden. Wasser mit Salz, Butter und Zucker aufkochen, den Spargel zugeben. In etwa 12 Minuten bissfest kochen.

3. Zuckerschoten putzen, Enden abschneiden, Zuckerschoten waschen und zum Schluss 1 Minute mit dem Spargel kochen. Das Gemüse auf ein Sieb geben, gut abtropfen lassen.

4. Kartoffeln abgießen, abdämpfen, pellen und lauwarm in Scheiben schneiden. Noch warm mit der mit Essig verrührten Brühe und dem Pfeffer würzen.

5. Kerbel mit Salz, Pfeffer, Senf, Zitronensaft und Öl fein pürieren. Kartoffeln, Spargel und Zuckerschoten vorsichtig mit der Sauce mischen.

6. Speck fein würfeln, in einer Pfanne knusprig braten und über den Salat geben. Den Salat mit Kerbelblättchen und halbierten Kirschtomaten garnieren.

Kartoffelsalat mit Vinaigrette

Zutaten:

750 g Salatkartoffeln

Für die Vinaigrette:
2 kleine Zwiebeln
125 ml (⅛ l) Gemüsebrühe
1 Prise Zucker
frisch gemahlener Pfeffer
5 EL Speiseöl
3 EL Essig
2 TL Senf
Salz
1 EL gehackte Kräuter, z. B. Petersilie, Schnittlauch

1. Kartoffeln waschen, mit Wasser zum Kochen bringen, in 20–25 Minuten gar kochen lassen, abgießen, heiß pellen, lauwarm in feine Scheiben schneiden.

2. Zwiebeln abziehen, fein würfeln, mit Brühe, Zucker und Pfeffer zum Kochen bringen, über die Kartoffeln gießen. Die Flüssigkeit, die nicht von den Kartoffeln aufgenommen wurde, nach 15 Minuten wieder abgießen.

3. Öl mit Essig verrühren, mit Senf, Salz und Pfeffer abschmecken, Kräuter unterrühren und die Kartoffelscheiben mit der Sauce vermengen. Den Salat 1 Stunde durchziehen lassen, evtl. mit Salz und Pfeffer abschmecken.

Grüner Kartoffelsalat

Zutaten:

1 kg neue Kartoffeln
125 ml (1/8 l) Weißweinessig
125 ml (1/8 l) Fleischbrühe
1 Prise Zucker
Salz
frisch gemahlener Pfeffer
1 Zwiebel
1 Bund Dill
1 Bund Petersilie
5 Salbeiblätter
1 Zweig Zitronenmelisse
1 kleine Salatgurke
2 EL Olivenöl
4 hart gekochte Eier

1. Kartoffeln waschen, in Salzwasser zum Kochen bringen, in 20–25 Minuten gar kochen lassen, abgießen, abdämpfen, heiß pellen, erkalten lassen und dann in Scheiben schneiden.

2. Essig mit Brühe, Zucker, Salz und Pfeffer zum Kochen bringen.

3. Zwiebel abziehen, fein würfeln und hinzufügen. Kurz aufkochen lassen, über die Kartoffelscheiben gießen und vorsichtig durchheben. Die Flüssigkeit muss von den Kartoffeln aufgesaugt werden. Ab und zu vorsichtig durchheben.

4. Kräuter abspülen, trockentupfen, die Blättchen von den Stängeln zupfen und fein hacken. Einige Kräuter zum Garnieren zurücklassen.

5. Gurke waschen, evtl. schälen, halbieren, entkernen, in kleine Würfel schneiden und mit dem Öl und den Kräutern unter die Kartoffelscheiben mischen. Eier pellen, halbieren und mit dem Salat anrichten. Mit den Kräutern garniert servieren.

Kartoffeln aus der Pfanne

Bauernfrühstück (3 Portionen)

Zutaten:

750 g fest kochende Kartoffeln
75 g durchwachsener Speck
30 g Butter oder Margarine
4 Zwiebeln
Salz
frisch gemahlener Pfeffer
3 Eier (Größe M)
3 EL Milch
Paprika edelsüß
geriebene Muskatnuss
125 g Schinkenspeck
2 EL fein geschnittener Schnittlauch

1. Kartoffeln waschen, in Salzwasser zum Kochen bringen, in 20–25 Minuten gar kochen lassen. Kartoffeln abgießen, pellen und erkalten lassen. In Scheiben schneiden.

2. Den Speck fein würfeln, in einer Pfanne auslassen, Butter oder Margarine dazugeben. Zwiebeln abziehen, fein würfeln und mit dem Speck glasig braten.

3. Die Kartoffelscheiben hinzugeben und von allen Seiten darin anbraten, mit Salz und Pfeffer würzen.

4. Eier mit Milch, Salz, Pfeffer, Paprika und Muskat verquirlen. Schinkenspeck würfeln und zusammen mit dem Schnittlauch dazugeben. Die Eiermischung über die gebräunten Kartoffeln geben, auf kleiner Flamme stocken lassen.

Beilage: Bunter Salat.

Tipp

Nach Belieben kann das Bauernfrühstück mit Knoblauch und unterschiedlichen Kräutern, z.B. Basilikum, Thymian oder Rosmarin gewürzt werden.

Zutaten:

750 g Kartoffeln
Salz
frisch gemahlener, weißer Pfeffer
6 EL Speiseöl
½ Bund Schnittlauch
1 Topf Basilikum
1 Becher (150 g) Crème fraîche
geriebene Muskatnuss
200 g geräucherter Schinken

Rösti mit Schinken (Foto)

1. Kartoffeln waschen, in so viel gesalzenem Wasser zum Kochen bringen, dass sie gerade bedeckt sind, 10 Minuten kochen lassen, pellen, abkühlen lassen, grob raffeln, mit Salz und Pfeffer würzen.

2. Öl in einer Pfanne erhitzen, ¼ der Kartoffeln hineingeben, in 5–8 Minuten goldbraun anbraten und dabei leicht andrücken. Den Rösti mit Hilfe eines Deckels wenden und die andere Seite ebenfalls goldbraun backen. Den Rösti warm stellen. Auf die gleiche Weise 3 weitere Rösti braten.

3. Schnittlauch und Basilikum abspülen, etwas zum Garnieren beiseite legen, den Rest fein hacken, mit Crème fraîche, Salz und Muskat verrühren.

4. Rösti mit Schinken und Crème fraîche anrichten. Mit Schnittlauch und Basilikumblättchen garniert servieren.

Tipp

Statt Schinken kann auch geräucherter Lachs dazu gereicht werden.

Zutaten:

2 kg Kartoffeln
1 Zwiebel
4 Eier (Größe M)
60 g Weizenmehl
Salz
250 ml (¼ l) Speiseöl

Kartoffelpuffer (40 Stück)

1. Kartoffeln schälen, waschen und grob oder fein reiben.

2. Zwiebel abziehen und fein reiben. Kartoffeln und Zwiebel, Eier, Mehl und Salz verrühren.

3. Öl in einer Pfanne erhitzen, darin nacheinander Puffer braten. Dabei erst wenden, wenn die Ränder braun sind, dann zu Ende braten.

Beilage: Apfelmus.

Tipp

Übrig gebliebene Kartoffelpuffer können gut eingefroren werden.

Zutaten:

750 g fest kochende Kartoffeln
Salz
2 Zwiebeln
Butter- oder Schweineschmalz
frisch gemahlener Pfeffer

Schweizer Rösti (Foto)

1. Kartoffeln waschen und in so viel gesalzenem Wasser zum Kochen bringen, dass die Kartoffeln bedeckt sind. Kartoffeln in 15–20 Minuten knapp gar kochen lassen, abgießen, abdämpfen, heiß pellen und erkalten lassen. Kartoffeln auf einer groben Reibe raffeln.

2. Zwiebeln abziehen und würfeln. Schmalz in einer großen Pfanne zerlassen und die Zwiebelwürfel darin andünsten. Kartoffeln hinzufügen, mit Salz und Pfeffer würzen und in 5–7 Minuten hellbraun braten, dabei leicht andrücken.

3. Den Rösti mit Hilfe eines Deckels wenden und die andere Seite ebenfalls 5–7 Minuten goldbraun braten, dabei die Masse immer wieder leicht an- und zusammendrücken. Den Rösti auf eine Platte stürzen und servieren.

Zutaten:

1 mittelgroße Aubergine
1 TL Salz
4 Kartoffeln
100 ml Olivenöl
Salz
frisch gemahlener Pfeffer
125 g gekochter Schinken
1 kleine Dose Champignonköpfe
100 g geriebener Butterkäse
1 TL gerebelter Oregano
1 EL Basilikumstreifen
4 Eier (Größe M)
½ Bund Petersilie

Auberginen-Kartoffel-Tortilla

1. Aubergine abspülen, trockentupfen, halbieren, in dünne Scheiben schneiden, mit Salz bestreuen, 15 Minuten ziehen lassen, dann nochmals trockentupfen.

2. Kartoffeln schälen und in dünne Scheiben schneiden. Etwas Öl in einer Pfanne erhitzen und die Kartoffeln darin anbraten, herausnehmen und warm stellen.

3. Auberginen in dem restlichen Öl braten. Auberginen herausnehmen, unter die Kartoffeln mischen, mit Salz und Pfeffer kräftig würzen.

4. Schinken in kleine Würfel schneiden, mit den gut abgetropften Champignons und dem Käse sowie dem Oregano und dem Basilikum unter die Auberginen-Kartoffel-Masse mischen.

5. Eier verschlagen, salzen, pfeffern und in die Pfanne geben. Die Zutaten auf den Eiern verteilen und zugedeckt etwa 15 Minuten stocken lassen.

6. Tortilla mit gehackter Petersilie bestreut servieren.

Beilage: Gemischter Salat.

Schnelle Kartoffelpfanne

Zutaten:

4 Mettwürstchen
(je 80 g)
600 g gekochte
Kartoffeln
1 Stange Porree (Lauch)
4 Eier (Größe M)
200 ml (1 Becher)
Schlagsahne
1 Bund glatte Petersilie
3 EL Speiseöl
Salz
frisch gemahlener Pfeffer
120 g geriebener,
mittelalter Gouda

1. Mettwürstchen und Kartoffeln würfeln, den Porree putzen, der Länge nach einschneiden, gut waschen und in Ringe schneiden.

2. Eier mit Sahne verquirlen.

3. Petersilie waschen, gut trockentupfen, grob hacken und unter das Sahne-Eier-Gemisch rühren.

4. Kartoffeln und Mettwurst in Öl anbraten, Porreeringe dazugeben, unterrühren, einige Minuten mitbraten. Vorsichtig mit Salz und Pfeffer würzen. Sahne-Eier-Gemisch über den Inhalt der Pfanne gießen und unter langsamen Rühren stocken lassen.

5. Mit geriebenem Käse bestreuen und unter dem Grill im Backofen überbacken.

Beilage: Blattsalate, eingelegte Gurken und Zwiebeln oder Mixed Pickles.

Försterpfanne (Foto)

Zutaten:

750 g gekochte Kartoffeln
100 g fetter Speck
1 Zwiebel
250 g Champignons
Salz
frisch gemahlener Pfeffer
4 Eier (Größe M)
5 EL Milch
geriebene Muskatnuss
je 1 EL fein geschnittener Schnittlauch und Petersilie
etwas Butter

1. Kartoffeln und Speck in Würfel schneiden. Den Speck in einer großen Pfanne auslassen.

2. Zwiebel abziehen, in Scheiben schneiden und in dem Fett glasig dünsten lassen. Kartoffeln und die geputzten, gewaschenen und in Scheiben geschnittenen Champignons hinzufügen, braun braten und mit Salz und Pfeffer würzen.

3. Eier mit Milch verschlagen, mit Salz und Muskat abschmecken. Die Kräuter hinzufügen. Die Eiermilch über die Kartoffeln geben und stocken lassen. Evtl. etwas Butter in die Pfanne geben (die Eiermasse darf nicht trocken werden). Wenn die untere Seite leicht gebräunt ist, das Gericht auf vorgewärmte Teller gleiten lassen.

Tipp

Nach Belieben Gewürzgurken dazu reichen. Die Försterpfanne kann auch mit durchwachsenem Speck zubereitet werden. Dann sollten aber noch 4–6 Esslöffel Öl dazugegeben werden.

Gebratene Kartoffelecken

Zutaten:

600 g mittelgroße Kartoffeln
4 EL Speiseöl
je 1 rote, gelbe und grüne Paprikaschote
1 Knoblauchzehe
Salz
frisch gemahlener Pfeffer
1 EL frischer, gehackter Oregano

1. Kartoffeln waschen, gründlich bürsten, trockentupfen und der Länge nach in Achtel schneiden.

2. Öl in einer Pfanne erhitzen, die Kartoffelecken darin von allen Seiten kräftig anbraten und etwa 10 Minuten garen.

3. In der Zwischenzeit Paprikaschoten halbieren, entstielen, entkernen, die weißen Scheidewände entfernen, die Schoten waschen und in Würfel schneiden. Paprikawürfel zu den Kartoffelecken geben und alles weitere 10 Minuten braten.

4. Knoblauch abziehen, fein hacken oder durch die Presse drücken und hinzufügen. Alles kräftig mit Salz und Pfeffer würzen. Oregano unterrühren.

Kartoffel-Gemüse-Ragout (Foto)

Zutaten:

1 Zwiebel
2 Zucchini
je 1 rote und grüne Paprikaschote
150 g Staudensellerie
2 Auberginen
400 g fest kochende Kartoffeln
4 Tomaten
4 EL Olivenöl
Thymianblättchen
Majoranblättchen
Salz
frisch gemahlener Pfeffer
2 abgezogene Knoblauchzehen
evtl. etwas Gemüsebrühe

1. Zwiebel abziehen und würfeln. Zucchini waschen, abtrocknen, die Enden abschneiden. Paprika halbieren, entstielen, entkernen, die weißen Scheidewände entfernen, die Schoten waschen. Sellerie putzen, waschen, harte Außenfäden abziehen. Kartoffeln waschen, schälen, abspülen. Aus den Tomaten die Stängelansätze herausschneiden. Gemüse und Kartoffeln in etwa 1 x 1 cm große Würfel schneiden.

2. Öl in einer beschichteten Pfanne erhitzen, zunächst Zwiebel- , dann Gemüse- und Kartoffelwürfel darin andünsten. Zum Schluss Tomatenwürfel dazugeben, mit Thymian, Majoran, Salz, Pfeffer und durchgepresstem Knoblauch würzen.

3. Alles miteinander etwa 25 Minuten leicht schmoren lassen. Wenn die Masse zu trocken ist, etwas Gemüsebrühe hinzufügen. Evtl. nochmals abschmecken.

Kartoffel-Wein-Pfanne (2 Portionen)

Zutaten:

400 g Kartoffeln
100 g durchwachsener Speck
2 EL Speiseöl
125 ml (⅛ l) Weißwein
4 Frühlingszwiebeln
125 g Butterkäse
Salz
frisch gemahlener Pfeffer

1. Kartoffeln schälen, waschen und in Scheiben schneiden. Speck in Streifen schneiden.

2. Speck in dem Öl auslassen, die Kartoffeln darin unter mehrmaligem Wenden etwa 15 Minuten braten.

3. Wein hinzugießen und noch etwa 10 Minuten schmoren lassen. In den letzten 5 Minuten die geputzten, in feine Ringe geschnittenen Frühlingszwiebeln unterrühren.

4. Butterkäse fein würfeln, über die Kartoffeln verteilen, unterrühren und etwas schmelzen lassen, mit Salz und Pfeffer würzen.

Tipp

Die Kartoffelscheiben müssen fast gar sein, bevor der Wein zugegossen wird.

Zutaten:

2 grüne Paprikaschoten
800 g gegarte, gepellte Kartoffeln
2–3 Zwiebeln
4 EL Speiseöl
Salz
frisch gemahlener Pfeffer
3 Mettwürstchen, z. B. Rauchenden
4 kleine saure Gurken
Paprikapulver edelsüß
2 EL gehackte Petersilie

Bunte Kartoffelpfanne (Foto)

1. Paprikaschoten halbieren, entkernen, die weißen Scheidewände entfernen, waschen und in Würfel schneiden. Kartoffeln in Stücke und die abgezogenen Zwiebeln in Scheiben schneiden.

2. Öl in einer Pfanne erhitzen. Kartoffeln, Paprika und Zwiebeln darin goldbraun braten, schwach salzen und pfeffern.

3. Inzwischen die Wurst und die Gurken in Scheiben schneiden, beides in der Pfanne 5 Minuten mitgaren.

4. Vor dem Servieren mit Paprikapulver und Petersilie bestreuen.

Veränderung: Statt der grünen Paprikaschoten können unterschiedliche Farben der Paprika gewählt werden, oder nur eine Paprikaschote und zusätzlich Zucchini, Frühlingszwiebeln oder Porree verwendet werden.

Zutaten:

1,2 kg sehr kleine, neue Kartoffeln
1–2 Bund Frühlingszwiebeln
5 EL Speiseöl
10 Knoblauchzehen
Salz
frisch gemahlener Pfeffer
gehackte Thymianblättchen

Kartoffel-Knoblauch-Pfanne

(Foto Seite 4)

1. Kartoffeln waschen und die Schale mit einer Bürste säubern (dickere Kartoffeln halbieren oder vierteln). Frühlingszwiebeln putzen, das dunkle Grün abschneiden, die Frühlingszwiebeln waschen und längs halbieren.

2. Öl in einer Pfanne erhitzen, Kartoffeln hineingeben und von allen Seiten anbraten. Frühlingszwiebeln und die Knoblauchzehen ungeschält hinzufügen und etwa 5 Minuten mitbraten lassen.

3. Mit Salz, Pfeffer und den Thymianblättchen bestreuen, evtl. etwas Wasser hinzugießen.

4. Die Kartoffel-Knoblauch-Pfanne 10–15 Minuten garen.

Tipp

Wenn kein junger Knoblauch zu bekommen ist, dann 3–4 abgezogene, in Scheiben oder Stifte geschnittene Knoblauchzehen mitbraten.

Kartoffelschmarren

Zutaten:

1,2 kg Kartoffeln
Salz
1 TL Kümmelsamen
frisch gemahlener Pfeffer
geriebene Muskatnuss
160 g Weizenmehl
6 EL Olivenöl
1 Bund Schnittlauch

1. Kartoffeln waschen, mit reichlich Wasser bedeckt aufkochen lassen. Mit Salz und Kümmelsamen würzen, bei mittlerer Hitze 20–25 Minuten kochen, abgießen, pellen und auskühlen lassen.

2. Kartoffeln grob raffeln, in eine große Schüssel geben, mit Salz, Pfeffer und Muskatnuss würzen. Mit Weizenmehl vermischen. Alle Kartoffelraspel müssen mehliert sein.

3. In einer großen Pfanne Olivenöl erhitzen, Kartoffeln bei mittlerer Hitze unter ständigem vorsichtigem Umrühren in etwa 15 Minuten knusprig braun braten.

4. Schnittlauch abspülen, trockentupfen und fein schneiden, über die angerichteten Kartoffeln streuen.

Beilage: Spiegeleier, gebratener Leberkäse, gemischter Salat.

Grüne Kartoffelpuffer

Zutaten:

1,5 kg mehlig kochende Kartoffeln
40 g Weizenmehl
4 Eier (Größe M)
Salz
frisch gemahlener Pfeffer
1 Zwiebel
1 EL gehackter Dill
2–3 EL fein geschnittener Schnittlauch
2–3 EL gehackte Petersilie
1 EL gehackte Zitronenmelisseblättchen
125 g Butterschmalz
1 Becher (150 g) Crème fraîche

1. Kartoffeln schälen, waschen, grob reiben, ein Sieb mit einem Küchenhandtuch auslegen, die Kartoffeln darauf geben, etwa 10 Minuten abtropfen lassen. Die Flüssigkeit auffangen, das Wasser abgießen, die abgesetzte Stärke zu der Kartoffelmasse geben. Mit Mehl, Eiern, Salz und Pfeffer verrühren.

2. Zwiebel abziehen, sehr fein würfeln, mit Dill, Schnittlauch, Petersilie und Zitronenmelisse unterrühren.

3. Etwas Butterschmalz in einer Pfanne erhitzen, so viel von der Kartoffelmasse hineingeben, dass der Pfannenboden dünn bedeckt ist. Den Kartoffelpuffer von beiden Seiten knusprig braun braten und warm stellen. Den übrigen Kartoffelteig auf die gleiche Weise verarbeiten.

4. Crème fraîche mit Salz und Pfeffer würzen und zu den Kartoffelpuffern servieren.

Beilage: Tomatensalat.

Tipp

Die Puffer können auch gut eingefroren werden. Sie werden dann nochmals aufgebacken. Abwandlung: Statt der Kräuter können je 200 g geraspelte Möhren, Zucchini oder Kohlrabi unter die Kartoffelmasse gegeben werden, dann die Kartoffelpuffer mit Schinken- oder Lachsstreifen servieren.

Gefüllte Kartoffelplätzchen

(Foto)

Zutaten:

1,2 kg Kartoffeln
Salz
1 Zwiebel
frisch gemahlener Pfeffer
geriebene Muskatnuss

Für die Füllung:
2 Knoblauchzehen
180 g getrocknete Tomaten, in Öl
1 Bund glatte Petersilie
120 g geraspelter Emmentaler
4 EL Olivenöl

1. Kartoffeln schälen, waschen, in leicht gesalzenem Wasser 10 Minuten kochen lassen. Abgießen, etwas abkühlen lassen und grob raffeln.

2. Zwiebel abziehen, fein würfeln, mit den Kartoffeln vermischen und mit Salz, Pfeffer und Muskat würzen.

3. Für die Füllung Knoblauch abziehen, durchpressen. Tomaten abtropfen lassen, in kleine Würfel schneiden.

4. Petersilie abspülen, trockentupfen, klein schneiden. Petersilie, Knoblauch und Tomaten mit Emmentaler vermengen. Hände mit kaltem Wasser anfeuchten, etwas Kartoffelmasse in die Hand nehmen, eine Mulde ausformen, etwa 1 Esslöffel Füllung darauf geben, etwas Kartoffelmasse auf die Füllung legen, die Füllung damit abdecken und flach drücken. Kartoffelplätzchen in Olivenöl von jeder Seite etwa 5–6 Minuten knusprig braun braten. Restliche Füllung kurz mit in die Pfanne geben und servieren.

Beilage: Blattsalat.

Tipp

Getrocknete Tomaten gibt es in türkischen oder italienischen Geschäften oder im Feinkostgeschäft. Statt der Tomaten eine Kräuterfüllung hineingeben.

Kartoffelkroketten

Zutaten:

750 g Kartoffeln
2 Eigelb (Größe M)
Salz
geriebene Muskatnuss
1 verschlagenes Ei (Größe M)
50 g Semmelbrösel
Pflanzenfett

1. Kartoffeln schälen, waschen, in Salzwasser zum Kochen bringen, in 20–25 Minuten gar kochen und abgießen, abdämpfen. Sofort durch die Kartoffelpresse geben und erkalten lassen.

2. Kartoffeln mit Eigelb verrühren und mit Salz und Muskat abschmecken. Aus dem Teig knapp 2 cm dicke und 5 cm lange Röllchen formen.

3. Die Röllchen zunächst in dem verschlagenen Ei, dann in Semmelbröseln wenden und schwimmend in siedendem Pflanzenfett in 2–3 Minuten goldbraun backen.

Kartoffelspießchen

Zutaten:

12 Kartoffeln
6 kurze, dicke Brühwürste
200 g Frühstücksspeckscheiben, z. B. Bacon
Salz
frisch gemahlener Pfeffer
Speiseöl
3–4 Zwiebeln
1 Bund Petersilie

1. Kartoffeln waschen, mit Wasser zum Kochen bringen, in etwa 20 Minuten gar kochen lassen, abgießen, abdämpfen, pellen, erkalten lassen.

2. Brühwürste und Kartoffeln in etwa 1 cm dicke Scheiben schneiden, abwechselnd mit den Speckscheiben auf Spieße stecken, mit Salz und Pfeffer bestreuen.

3. Öl in einer Stielpfanne erhitzen, die Spieße darin von allen Seiten goldbraun braten, herausnehmen, warm stellen.

4. Zwiebeln abziehen, in dünne Scheiben schneiden, in dem Bratfett knusprig braun braten, mit den Kartoffelspießchen anrichten.

5. Petersilie abspülen, trockentupfen, fein hacken und über die Spieße streuen.

Beilage: Gemischte Salate und pikante Saucen.

Kartoffel-Hackfleisch-Scheiben

Zutaten:

750 g Kartoffeln
2 Eigelb (Größe M)
30 g Weizenmehl
30 g Semmelbrösel
1 gut geh. TL Speisestärke
Salz
geriebene Muskatnuss

Für die Füllung:
1 Brötchen
50 g durchwachsener Speck
1 Zwiebel
250 g Gehacktes (halb Rind-, halb Schweinefleisch)
1 EL fein gehackte Petersilie
1 Ei (Größe M)
150 ml Schlagsahne
frisch gemahlener Pfeffer
Paprika edelsüß
20 g Weizenmehl
40 g Pflanzenfett

1. Kartoffeln schälen, waschen, in Salzwasser in 20 Minuten gar kochen lassen, abgießen, abdämpfen, sofort durch die Kartoffelpresse geben und erkalten lassen. Mit Eigelb, Mehl, Semmelbröseln und Speisestärke verrühren, mit Salz und Muskat würzen.

2. Für die Füllung Brötchen in kaltem Wasser einweichen und gut ausdrücken. Speck würfeln und auslassen. Zwiebel abziehen, fein würfeln, mit Hackfleisch zu dem Speck geben und unter ständigem Rühren kurz anbraten. Petersilie dazugeben.

3. Hackfleischmasse, Brötchen, Ei und Sahne miteinander vermengen, mit Salz, Pfeffer, Muskat und Paprika abschmecken.

4. Den Kartoffelteig gut durchkneten und auf einem mit Mehl bestreuten Tuch etwa 1 cm dick zu einem Quadrat ausrollen.

5. Die Füllung gleichmäßig darauf verteilen. Den Teig mit Hilfe des Tuches fest aufrollen und in Scheiben schneiden.

6. Fett in einer Pfanne erhitzen und Kartoffel-Hackfleisch-Scheiben darin von beiden Seiten goldbraun braten.

Beigabe: Salatplatte.

Pytt i panne (Foto - 2 Portionen)

Zutaten:

400 g fest kochende Kartoffeln
1–2 Zwiebeln
150 g gekochter Schinken
2 Gewürzgurken
30 g Butter oder Margarine
125 ml (⅛ l) Bratensauce
1 Becher (150 g) Crème fraîche
Salz
frisch gemahlener Pfeffer
1 EL gehackte Petersilie

1. Kartoffeln waschen, mit Wasser bedeckt zum Kochen bringen, in 20–25 Minuten gar kochen lassen, abgießen, heiß pellen und erkalten lassen. Die Kartoffeln in Scheiben schneiden, Zwiebeln abziehen. Zwiebeln, gekochter Schinken und die Gewürzgurken in Würfel schneiden.

2. Butter oder Margarine zerlassen. Kartoffelscheiben, Zwiebel-, Schinken- und Gurkenwürfel darin braten. Bratensauce und Crème fraîche unterrühren, kurz erhitzen, salzen und pfeffern und mit Petersilie bestreuen.

Beilage: Grüner Salat, Tomatensalat.

Tipp

Wenn Sie keine Bratensauce haben, können Sie 1 Päckchen Fertigprodukt verwenden.

Rosmarin-Kartoffeln

Zutaten:

1 kg kleine, längliche, fest kochende Kartoffeln
150 g Schalotten
4 EL Olivenöl
20 g Butter
4 Knoblauchzehen
1 EL frische Rosmarinnadeln
Salz
frisch gemahlener Pfeffer

1. Kartoffeln gründlich unter fließendem Wasser abbürsten, in kochendes Wasser geben und etwa 15 Minuten kochen. Kartoffeln abkühlen lassen und längs vierteln.

2. Schalotten abziehen. Olivenöl und Butter erhitzen. Kartoffeln und Schalotten hineingeben. Knoblauch abziehen, in Scheiben schneiden und mit dem Rosmarin zu den Kartoffeln geben.

3. Kartoffeln unter gelegentlichem Wenden knusprig braten, mit Salz und Pfeffer würzen.

Tipp

Die Kartoffeln in Scheiben schneiden und mit Kräutern wie Salbei, Majoran oder Thymian würzen. Die Rosmarin-Kartoffeln sind eine feine Beilage zu Lammkeule oder Rinderbraten.

Zutaten:

1 kg mehlig kochende Kartoffeln
125 g Parmesan
2–4 Salbeiblättchen
1 Ei (Größe M)
1 Eigelb (Größe M)
4–5 EL gehackte, glatte Petersilie
Salz
frisch gemahlener Pfeffer
evtl. etwas Weizenmehl
125 g Mozzarella
100 g Semmelbrösel
100 g Butter
4 EL Speiseöl

Panzarotti (Foto)

1. Kartoffeln schälen, waschen, grob zerkleinern, in Salzwasser in 20 Minuten gar kochen. Kartoffeln abgießen, abdämpfen, durch eine Kartoffelpresse drücken und etwas abkühlen lassen.

2. Parmesan reiben. Salbeiblättchen vorsichtig abspülen, trockentupfen und fein hacken. Die beiden Zutaten mit der Kartoffelmasse, Ei, Eigelb und Petersilie verkneten, salzen und pfeffern. Evtl. etwas Mehl unterrühren.

3. Mozzarella in 16 gleich große Stücke schneiden. Den Kartoffelteig zu einer Rolle formen, in 16 gleich große Stücke teilen, in jedes Teigstück einen Käsewürfel drücken. Das Teigstück zu einem Kloß formen, flach drücken und in Semmelbröseln wenden.

4. Butter zerlassen, Öl hinzufügen, erhitzen und die Panzarotti von jeder Seite etwa 5 Minuten braten lassen.

Beigabe: Bunte Salatplatte.

Zutaten:

1 kg fest kochende Kartoffeln
2 mittelgroße Zwiebeln
75 g geräucherter, durchwachsener Speck
5 EL Speiseöl
Salz

Bratkartoffeln aus rohen Kartoffeln

1. Kartoffeln schälen, in Scheiben schneiden, waschen, gut trockentupfen. Zwiebeln abziehen, in Ringe schneiden. Speck in kleine Würfel schneiden.

2. Öl erhitzen, die Speckwürfel darin auslassen, den ausgelassenen Speck herausnehmen, beiseite stellen. Die Kartoffeln ins Öl geben, mit ausreichend Salz bestreuen, wenden, damit das Salz gleichmäßig verteilt wird. Die Kartoffeln unter gelegentlichem Wenden goldbraun braten, Temperatur reduzieren, die Zwiebeln und den Speck unterheben, weiter braten, bis die Kartoffeln gar sind.

Tipp

Bratkartoffeln mit Spiegelei oder Rührei oder als Beilage zu Matjes oder eingelegtem Hering servieren.

Kartoffelgratins & Aufläufe

Gratinierte Gemüsekartoffeln

Zutaten:

4 große Kartoffeln
(je 200 g)
300 g geschälte
Kartoffeln
Salz
4 EL feine Möhrenwürfel
4 EL feine Porreewürfel
4 EL feine Knollen-
selleriewürfel
geriebene Muskatnuss
3–4 EL Milch
1 Ei (Größe M)
2 EL Schlagsahne

1. Die vier großen Kartoffeln waschen, gründlich bürsten, längs halbieren, aushöhlen und in Salzwasser etwa 10–15 Minuten kochen.

2. Das ausgehöhlte Kartoffelfleisch mit den geschälten, klein geschnittenen Kartoffeln etwa 20 Minuten in Salzwasser garen, nach 10 Minuten die Gemüsewürfel hinzugeben. Abgießen und Salz, Muskat und Milch hinzugeben, zu einem Püree verarbeiten. Das Püree in einen Spritzbeutel füllen.

3. Das Püree in die Kartoffelhälften spritzen.

4. Das Ei mit der Sahne verquirlen, über das Püree träufeln und die Kartoffeln im Backofen unter dem vorgeheizten Grill oder bei starker Oberhitze gratinieren.

Tipp

Die gratinierten Gemüsekartoffeln mit einer Salatplatte als kleines Abendgericht servieren oder als Beilage zu kurzgebratenem Fleisch, z. B. Kotelett oder Schnitzel.

Zutaten:

800 g mittelgroße,
mehlig kochende
Kartoffeln
1 TL Majoran oder
Kümmel
frisch gemahlener Pfeffer
Salz
50 g Butter
2 EL Parmesan

Schwedische Fächer-Kartoffeln

1. Die Kartoffeln schälen, waschen, in dichten Abständen so tief einschneiden, dass die Unterseiten noch zusammenhalten (dazu legt man die Kartoffel auf einen großen Löffel).

2. Eine flache Auflaufform ausfetten. Die Kartoffeln mit der Schnittfläche nach oben nebeneinander hineinsetzen. Die Kartoffeln mit Majoran oder Kümmel, Pfeffer und Salz würzen. Die zerlassene Butter darauf verteilen und die Form auf dem Rost in den Backofen schieben.

Ober-/Unterhitze:
etwa 200 °C (vorgeheizt)
Heißluft:
etwa 180 °C (vorgeheizt)
Gas: Stufe 3–4 (vorgeheizt)
Backzeit: etwa 45 Minuten.

3. Den Parmesan 15 Minuten vor Beendigung der Garzeit darüber streuen.

Tipp

Zu gebratenem Fleisch und Salat servieren.

Zutaten:

4 kleine Kohlrabi
(etwa 500 g)
500 g Kartoffeln
4 Zwiebeln
150 g Salami
200 g geriebener
Emmentaler
Salz
frisch gemahlener Pfeffer
250 ml (¼ l) Milch
125 ml (⅛ l) Schlagsahne
2 Eier (Größe M)
Paprika edelsüß
2–3 EL Semmelbrösel
1–2 EL zerlassene Butter

Kohlrabi-Kartoffel-Gratin

1. Kohlrabiblätter entfernen, Kohlrabi schälen und waschen. Kartoffeln waschen, schälen und abspülen. Zwiebeln abziehen. Kohlrabi, Kartoffeln, Zwiebeln und Salami in dünne Scheiben schneiden.

2. Zutaten abwechselnd in eine gefettete, flache Auflaufform schichten (die untere und obere Schicht sollte aus Kartoffelscheiben bestehen). Dabei Kohlrabi- und Karoffelschichten jeweils mit etwas Käse bestreuen, mit Salz und Pfeffer würzen.

3. Milch mit Sahne und Eiern verschlagen, mit Salz und Paprika würzen, anschließend über den Auflauf gießen.

4. Den restlichen Käse mit Semmelbröseln vermengen, über den Auflauf streuen, Butter darüber träufeln. Die Form auf dem Rost in den Backofen schieben.

Ober-/Unterhitze:
etwa 200 °C (vorgeheizt)
Heißluft: etwa 180 °C
(nicht vorgeheizt)
Gas: Stufe 3–4 (nicht vorgeheizt)
Garzeit: etwa 40 Minuten.

6. Wenn der Auflauf zu dunkel wird, ihn nach etwa der Hälfte der Garzeit abdecken.

Rotbarsch-Kartoffel-Gratin

Zutaten:

900 g Kartoffeln
3 EL Olivenöl
2 rote Zwiebeln
70 g geräucherter Bauchspeck
1 rote Paprikaschote
1 Bund Rauke
1 Bund Petersilie
125 g küchenfertige Krabben
Salz
frisch gemahlener Pfeffer
800 g TK-Rotbarschfilet
120 g geriebener Käse, z. B. mittelalter Gouda

1. Kartoffeln waschen, schälen, abspülen, in 1 x 1 cm große Würfel schneiden, gut abtropfen lassen, evtl. trockentupfen, in erhitztem Öl etwa 10 Minuten knusprig braun braten.

2. Zwiebeln abziehen und in Würfel schneiden. Speck ebenfalls in Würfel schneiden. Beide Zutaten gegen Ende der Kartoffelbratzeit kurz mitandünsten.

3. Paprika halbieren, entstielen, entkernen, die weißen Scheidewände entfernen, Schote waschen und in Würfel schneiden. Rauke und Petersilie abspülen, trockentupfen und fein schneiden.

4. Paprika, Rauke und Krabben unter die Kartoffeln mischen, mit Salz und Pfeffer würzen und in eine gefettete, flache Auflaufform (30 x 20 cm) füllen.

5. Die noch tiefgekühlten Rotbarschfilets auf die Kartoffeln legen und leicht salzen. Mit Petersilie und Käse bestreuen. Die Form auf dem Rost in den Backofen schieben.

Ober-/Unterhitze:
etwa 180 °C (vorgeheizt)
Heißluft:
etwa 160 °C (vorgeheizt)
Gas: Stufe 2–3 (vorgeheizt)
Backzeit: etwa 30 Minuten.

Beilage: Gemischter Blattsalat.

Überbackene Kartoffelschnecken

Zutaten:

1 kg mehlig kochende Kartoffeln
2 Zwiebeln
1 rote Paprikaschote
2 EL Speiseöl
Salz
frisch gemahlener Pfeffer
1 Ei (Größe M)
geriebene Muskatnuss
etwa 80 g Weizenmehl
2 EL Kräuter Crème fraîche

1 Ei (Größe M)
60 g geriebener Gruyère-Käse

1. Die Kartoffeln waschen, mit Wasser bedeckt zum Kochen bringen und in etwa 25 Minuten gar kochen, abgießen. Pellkartoffeln heiß pellen, sofort durch die Kartoffelpresse geben und abkühlen lassen.

2. Zwiebeln abziehen und fein würfeln. Paprika halbieren, entstielen, entkernen, die weißen Scheidewände entfernen, die Schote waschen und in Würfel schneiden. Zwiebel- und Paprikawürfel in Öl andünsten, mit Salz und Pfeffer würzen.

3. Unter die abgekühlte Kartoffelmasse Ei, Salz, Pfeffer und Muskat rühren. Mehl unterkneten, bis ein fester Teig entstanden ist.

4. Die Kartoffelmasse auf der gut bemehlten Arbeitsfläche etwa 40 x 25 cm ausrollen. Crème fraîche darauf streichen, dann die Zwiebel- und Paprikawürfel darüber verteilen.

5. Den Kartoffelteig von der längeren Seite her vorsichtig mit Hilfe eines langen Messers zu einer Roulade einrollen. Die Teigrolle in 10 Scheiben schneiden und in eine gefettete Gratinform legen.

6. Die Kartoffelschnecken mit verschlagenem Ei bestreichen und mit Käse bestreuen. Die Form auf dem Rost in den Backofen schieben.

Ober-/Unterhitze:
180–200 °C (vorgeheizt)
Heißluft:
160–180 °C (vorgeheizt)
Gas: etwa Stufe 3 (vorgeheizt)
Backzeit: etwa 20 Minuten.

Tipp

Die Kartoffelschnecken als vegetarisches Gericht mit Sauerkraut oder einer Salatplatte reichen. Die Füllung der Kartoffelschnecken kann auch mit 100 g durchwachsenem Speck, Schinken oder gekochtem Schinken, in Würfel geschnitten, angereichert werden.

Zucchini-Kartoffel-Gratin (2 Portionen)

Zutaten:

400 g Kartoffeln
2 kleine Zucchini
100 g gekochter Schinken
1 gestr. TL Butter
frisch gemahlener Pfeffer
Salz
1 TL gerebelter Majoran
1 abgezogene, zerdrückte Knoblauchzehe
50 g geraspelter Greyerzer
125 g Mozzarella, in Scheiben

1. Kartoffeln waschen, mit Wasser bedeckt zum Kochen bringen, in etwa 25 Minuten gar kochen, abgießen. Kartoffeln pellen und etwas abkühlen lassen. Von den Zucchini die Enden abschneiden und Zucchini waschen.

2. Kartoffeln und Zucchini in etwa ½ cm dicke Scheiben schneiden. Schinken in Würfel schneiden.

3. Eine flache, feuerfeste Gratinform mit Butter einfetten, Kartoffelscheiben in der Form verteilen. Zucchinischeiben und Schinkenwürfel auf den Kartoffeln verteilen, mit Pfeffer, Salz, Majoran und Knoblauch würzen.

4. Greyerzer und Mozzarella darauf verteilen. Die Form auf dem Rost in den Backofen schieben.

Ober-/Unterhitze: etwa 200 °C (vorgeheizt)
Heißluft: etwa 180 °C (vorgeheizt)
Gas: Stufe 3–4 (vorgeheizt)
Garzeit: 25–30 Minuten.

Kartoffel-Gratin mit Schinken

(Foto)

Zutaten:

750 g mehlig kochende Kartoffeln
200 g gekochter Schinken
1 Pck. (200 g) Knoblauch-Quark
2 Eigelb (Größe M)
2 Eiweiß (Größe M)
Butter

1. Kartoffeln waschen, in Wasser bedeckt zum Kochen bringen, in 20–25 Minuten gar kochen lassen, abgießen. Kartoffeln pellen und etwas abgekühlt in Scheiben schneiden. Schinken in Würfel schneiden.

2. Knoblauch-Quark mit Eigelb verrühren, Eiweiß steif schlagen und unter den Quark heben.

3. Eine flache Auflaufform ausfetten, abwechselnd die Kartoffelscheiben, die Schinkenwürfel und die Quark-Creme einschichten. Die Butter in Flöckchen darauf setzen und die Form auf dem Rost in den Backofen schieben.

Ober-/Unterhitze:
etwa 200 °C (vorgeheizt)
Heißluft:
etwa 180 °C (vorgeheizt)
Gas: Stufe 3–4 (vorgeheizt)
Backzeit: 25–30 Minuten.

Folienkartoffeln mit Kräuterquark

Zutaten:

8 mittelgroße mehlig kochende Kartoffeln
Salz
frisch gemahlener Pfeffer
Kümmelsamen

Für den Kräuterquark:
125 g Magerquark
1 Becher (150 g) Crème fraîche
2 EL fein geschnittener Schnittlauch
1 EL gehackter Dill
evtl. 1–2 EL Mineralwasser

Petersilienblättchen

1. Kartoffeln waschen, ungeschält an der Oberseite etwa ½ cm tief einschneiden. Die Gewürze in den Einschnitt streuen. Jeweils in ein genügend großes Stück Alufolie (glänzende Seite nach innen) wickeln. Die Folienpakete auf dem Backblech in den Backofen schieben.

Ober- /Unterhitze:
200–220 °C (vorgeheizt)
Heißluft:
180–200 °C (nicht vorgeheizt)
Gas:
etwa Stufe 4 (nicht vorgeheizt)
Garzeit: 50–70 Minuten, je nach Größe der Kartoffeln.

2. Für den Kräuterquark Quark und Crème fraîche verrühren, mit Salz und Pfeffer abschmecken. Schnittlauch und Dill unterrühren. Sollte die Quarkmasse zu fest sein, sie mit 1–2 Esslöffeln Wasser geschmeidig rühren.

3. Wenn die Kartoffeln gar sind, die Folie öffnen, die Kartoffeln mit einer Gabel aufbrechen. Mit der Quarkmasse füllen, mit Petersilie garniert servieren.

Beilage: Tomaten-Paprikasalat.

Schupfnudelauflauf (6–8 Portionen)

Zutaten:

600 g Schweine-hackfleisch
2 Zwiebeln
1,2 kg Weißkohl
200 g Möhren
80 g Frühstücksspeck (Bacon)
Salz
frisch gemahlener Pfeffer
1 TL Kümmelsamen
1 EL gemahlener Piment
800 g Schupfnudeln (Fertigprodukt oder selbst gemachte)
40 g Butter

1. Hackfleisch ohne Fett anbraten, dabei ständig rühren und das Fleisch mit einer Gabel etwas zerkrümeln.

2. Zwiebeln abziehen, in Würfel schneiden und mit dem Hackfleisch anbraten.

3. Weißkohl vierteln, den Strunk herausschneiden, die äußeren Blätter entfernen. Den Kohl abspülen. Weißkohl in etwa 2 cm lange Streifen schneiden und zu dem Fleisch geben.

4. Möhren putzen, schälen, waschen, in Scheiben schneiden. Frühstücksspeck in Streifen schneiden und beide Zutaten zum Fleisch geben. So lange braten, bis der Kohl glasig ist. Alles mit Salz, Pfeffer, Kümmel und Piment würzen.

5. Den Boden einer gefetteten Auflaufform mit einem Teil der Schupfnudeln bedecken. Die Hackfleisch-Kohl-Mischung darauf verteilen und etwas andrücken. Die restlichen Schupfnudeln über die Kohlmischung geben und mit Butterflöckchen belegen. Die Form auf dem Rost in den Backofen schieben.

Ober-/Unterhitze:
etwa 200 °C (vorgeheizt)
Heißluft:
etwa 180 °C (nicht vorgeheizt)
Gas: Stufe 3–4 (nicht vorgeheizt)
Backzeit: etwa 40 Minuten.

Tipp

Schupfnudeln:
600 g mehlig kochende Kartoffeln waschen, schälen, grob schneiden und in Salzwasser in etwa 20 Minuter gar kochen, abgießen, abdämpfen und sofort durch die Kartoffelpresse geben. Die abgekühlte Masse mit 2 Eiern (Größe M), 200 g Weizenmehl, Salz, Pfeffer und Muskat würzen, fingerdicke Röllchen formen und in kochendem Salzwasser in 3–4 Minuten gar ziehen lassen.

Kartoffel-Matjes-Auflauf

(Foto - 4–6 Portionen)

Zutaten:

1 kg fest kochende Kartoffeln
3 Zwiebeln
100 g durchwachsener Speck
6 Matjesfilets
1 Bund Dill
2 EL Speiseöl
Salz
frisch gemahlener Pfeffer
250 ml (¼ l) Schlagsahne

1. Kartoffeln waschen, in Wasser bedeckt zum Kochen bringen, in etwa 25 Minuten gar kochen, abgießen. Kartoffeln pellen, etwas abgekühlt in Scheiben schneiden. Zwiebeln abziehen und fein würfeln. Speck würfeln. Matjesfilets quer in Streifen schneiden. Dill abspülen, trockentupfen und fein hacken.

2. Öl in einer Pfanne erhitzen, den Speck und die Zwiebeln darin glasig dünsten.

3. Eine große, feuerfeste Form einfetten. Die Hälfte der Kartoffeln und der Zwiebelmischung in die Form füllen, die Matjesstreifen darüber verteilen und mit dem Dill bestreuen.

4. Die restlichen Kartoffeln und den Rest der Zwiebelmischung darüber geben, leicht salzen und pfeffern. Den Auflauf mit der Sahne übergießen.

Ober-/Unterhitze:
etwa 200 °C (vorgeheizt)
Heißluft:
etwa 180 °C (nicht vorgeheizt)
Gas: Stufe 3–4 (nicht vorgeheizt)
Backzeit: etwa 45 Minuten.

Beilage: Bohnensalat.

Kartoffel-Käse-Gratin

Zutaten:

600 g mittelgroße Kartoffeln
200 g Zucchini
150 g rosa Champignons oder Egerlinge
Salz
frisch gemahlener Pfeffer
200 g Frischkäse mit Kräutern
125 ml (⅛ l) Schlagsahne
75 g geriebener Parmesan
1 Ei (Größe M)
Butterflöckchen

1. Kartoffeln waschen, schälen und hobeln. Zucchini und Champignons putzen und waschen. Das Gemüse in etwa ½ cm dicke Scheiben schneiden.

2. Die Kartoffel-, Zucchini- und Pilzscheiben dachziegelartig in eine gefettete, flache Auflaufform schichten, jede Schicht mit etwas Salz und Pfeffer bestreuen.

3. Frischkäse mit Sahne, Parmesan und Ei verrühren, mit Salz und Pfeffer abschmecken. Die Masse gleichmäßig über den Gemüsescheiben verteilen. Butterflöckchen darüber verteilen. Die Form auf der mittleren Schiene in den Backofen schieben.

Ober-/Unterhitze:
etwa 200 °C (vorgeheizt)
Heißluft:
etwa 180 °C (nicht vorgeheizt)
Gas: Stufe 3–4
(nicht vorgeheizt)
Backzeit: etwa 50 Minuten.

4. Sollte das Gratin zu stark bräunen, es nach etwa ⅔ der Backzeit mit Alufolie abdecken.

Beigabe: Tomatensalat.

Kartoffel-Porree-Auflauf

Zutaten:

750 g fest kochende Kartoffeln
Salz
4 Stangen Porree (Lauch)
2 Zwiebeln
2 Knoblauchzehen
2 EL Pflanzenöl
500 g Gehacktes (halb Rind-, halb Schweinefleisch)
frisch gemahlener Pfeffer
Cayennepfeffer
250 g saure Sahne
50 g geriebener Emmentaler

1. Kartoffeln waschen, mit der Schale in Salzwasser zum Kochen bringen, in 20–25 Minuten gar kochen. Die Kartoffeln abgießen, heiß pellen, erkalten lassen und in Scheiben schneiden.

2. Porree putzen, in Ringe schneiden, gründlich waschen und abtropfen lassen. Die Porreeringe in kochendem Salzwasser blanchieren, auf ein Sieb geben und abtropfen lassen.

3. Zwiebeln und Knoblauchzehen abziehen und fein würfeln.

4. Öl erhitzen, Zwiebel- und Knoblauchwürfel darin andünsten. Gehacktes dazugeben und unter ständigem Rühren anbraten, dabei die Fleischklümpchen mit einer Gabel zerdrücken. Das Gehackte mit Salz, Pfeffer und Cayennepfeffer würzen.

5. Saure Sahne glatt rühren. Eine feuerfeste Form gut einfetten, die Hälfte der Kartoffelscheiben und Porreeringe hineingeben, mit Salz und Pfeffer würzen, die Hälfte der Sahne darüber geben, das Gehackte darauf verteilen, mit den restlichen Porreeringen und Kartoffelscheiben bedecken, würzen, die restliche Sahne darüber geben, mit Käse bestreuen. Die Form auf dem Rost in den Backofen schieben.

Ober-/Unterhitze:
180–200 °C (vorgeheizt)
Heißluft:
160–180 °C (nicht vorgeheizt)
Gas:
etwa Stufe 3 (nicht vorgeheizt)
Backzeit: 30–40 Minuten.

Rosmarin-Bratkartoffeln mit Lammkoteletts

Zutaten:

800 g mehlig-fest kochende Kartoffeln
6 EL Speiseöl
Salz
frisch gemahlener Pfeffer
1 EL gehackte Rosmarinnadeln
2 abgezogene Knoblauchzehen
12 Lammkoteletts (je 70 g)
300 ml Lammfond oder -brühe

1. Kartoffeln waschen, schälen, abspülen und fein hobeln. Etwas Öl in einer beschichteten Pfanne erhitzen, die gut abgetropften, evtl. trockengetupften Kartoffelscheiben nach und nach darin anbraten, mit Salz, Pfeffer, Rosmarin und durchgepresstem Knoblauch würzen.

2. Lammkoteletts unter fließendem kalten Wasser abspülen und trockentupfen. Lammkoteletts ebenfalls in Öl anbraten, salzen und pfeffern.

3. Kartoffelscheiben in einen Bräter schichten, Lammkoteletts dazwischen stecken, mit Lammfond oder -brühe übergießen und das Gericht auf dem Rost im Backofen schmoren lassen.

Ober-/Unterhitze:
etwa 180 °C (vorgeheizt)
Heißluft:
etwa 160 °C (nicht vorgeheizt)
Gas: Stufe 2–3 (nicht vorgeheizt)
Schmorzeit: 30–40 Minuten.

Tipp

Dazu passen gegrillte Zucchinischeiben oder grüne Bohnen und ein trockener Rotwein aus der Provence.

Sauerkraut-Kartoffel-Auflauf

Zutaten:

2 Zwiebeln
3 EL Speiseöl
1 Dose Sauerkraut (Abtropfgewicht 770 g)
125 ml (⅛ l) Gemüsebrühe
Salz
frisch gemahlener Pfeffer
etwas Zucker
1–2 Lorbeerblätter
2 Pck. Kartoffel-Püree (für Wasser und Milch)
700 ml Wasser
500 ml (½ l) Milch
3–4 Cabanossi-Würstchen (etwa 500 g)
2–3 EL Semmelbrösel
40 g Butter

1. Zwiebeln abziehen, halbieren und in Würfel schneiden. Öl in einem Topf erhitzen und die Zwiebeln darin andünsten. Sauerkraut mit andünsten, mit der Brühe auffüllen, mit Salz, Pfeffer, Zucker und Lorbeer würzen und etwa 25 Minuten garen. Lorbeer entfernen.

2. Kartoffel-Püree nach Packungsanleitung – aber mit 700 ml Wasser und 500 ml (½ l) Milch – zubereiten. Cabanossi in Scheiben schneiden.

3. In eine gefettete Auflaufform abwechselnd einen Teil des Sauerkrauts, der Wurstscheiben und des Kartoffelpürees schichten, dann wieder Sauerkraut usw., bis die Zutaten aufgebraucht sind. Die obere Schicht sollte aus Kartoffelpüree bestehen.

4. Semmelbrösel und Butter in Flöckchen darauf verteilen. Die Form auf dem Rost in den Backofen schieben.

Ober-/Unterhitze:
etwa 200 °C (vorgeheizt)
Heißluft:
etwa 180 °C (nicht vorgeheizt)
Gas: Stufe 3–4 (nicht vorgeheizt)
Backzeit: etwa 35 Minuten.

Tipp

Anstelle der Cabanossi kann auch dieselbe Menge in Würfel geschnittenes Kasseler verwendet werden. Der Auflauf kann auch am Vortag vorbereitet werden und am nächsten Tag gebacken werden. Dann verlängert sich die Backzeit um etwa 10 Minuten.

Kartoffel-Gemüse-Auflauf

Zutaten:

1 kg mehlig kochende Kartoffeln
200 ml Schlagsahne
Salz
geriebene Muskatnuss
250 g Porree (Lauch)
250 g Auberginen
250 g Zucchini
30 g Butter oder 4 EL Speiseöl
frisch gemahlener Pfeffer
½ Bund glatte Petersilie
200 g geriebener, mittelalter Gouda
2 EL Sonnenblumenkerne

1. Kartoffeln waschen, schälen, abspülen, in Salzwasser zum Kochen bringen und in 20–25 Minuten gar kochen lassen.

2. Die Kartoffeln abgießen, abdämpfen und sofort durch die Kartoffelpresse geben. Die Kartoffelmasse mit Sahne verrühren und mit Salz und Muskat abschmecken.

3. Porree putzen, längs halbieren, gründlich waschen und in Streifen schneiden. Auberginen waschen, die Stängelansätze abschneiden und Auberginen in Scheiben schneiden. Zucchini waschen, abtrocknen, die Enden abschneiden und Zucchini in Scheiben schneiden.

4. Butter oder Öl in einer Pfanne zerlassen, das vorbereitete Gemüse darin andünsten, mit Salz und Pfeffer würzen und in eine gefettete Auflaufform geben.

5. Petersilie abspülen, trockentupfen, die Blättchen von den Stängeln zupfen, in Streifen schneiden und darüber streuen. Mit der Hälfte des Goudas bestreuen, die Kartoffelmasse darauf verteilen und mit dem restlichen Gouda und Sonnenblumenkernen bestreuen. Die Form auf dem Rost in den Backofen schieben.

Ober-/Unterhitze:
etwa 200 °C (vorgeheizt)
Heißluft:
etwa 180 °C (nicht vorgeheizt)
Gas: Stufe 3–4 (nicht vorgeheizt)
Backzeit: 30–35 Minuten.

Abwandlung: Für eine nichtvegetarische Variante können anstelle der Auberginenscheiben oder zusätzlich kleine Bällchen aus gewürztem Schweinemett in den Auflauf gegeben werden.

Überbackene Minzekartoffeln mit Speck

Zutaten:

8 dicke Kartoffeln
120 g magerer durchwachsener Speck
100 g Zwiebeln
80 g Butter
Salz, Pfeffer
2 Zweige frische Minze (gehackt)
Semmelbrösel
40 g Butter (in Flocken)

1. Kartoffeln unter fließendem Wasser gut abbürsten, auf ein gefettetes Backblech legen, das Backblech in den Backofen schieben.

Ober-/Unterhitze: 180–200 °C (vorgeheizt)
Heißluft: 160–180 °C (nicht vorgeheizt)
Gas: etwa Stufe 3 (nicht vorgeheizt)
Backzeit: etwa 60 Minuten.

2. Kartoffeln etwas abkühlen lassen, einen Deckel abschneiden, das Innere der Kartoffeln aushöhlen. Die Deckel pellen und die Kartoffelmasse zusammen mit den Deckeln grob zerstampfen.

3. Speck würfeln, mit Zwiebeln abziehen, würfeln. Speck- und Zwiebelwürfel mit Butter, Salz, Pfeffer, gehackter Minze und der Kartoffelmasse zu einer Masse verrühren, in die Kartoffeln füllen, mit Semmelbröseln und Butterflocken bestreuen.

4. Das Backblech wieder in den Backofen schieben. Die Kartoffeln bei gleicher Backofeneinstellung überbacken.

Backzeit: 15–20 Minuten.

Kartoffelklöße & -pürees

Gnocchi in Salbeibutter (2 Portionen)

Zutaten:

500 g Kartoffeln
Salz
100 g Weizenmehl
2 Eier (Größe M)
60 g Butter
2 EL enthäutete, entkernte Tomaten
1 EL in Streifen geschnittene Salbeiblätter

1. Kartoffeln waschen, schälen, grob würfeln, in Salzwasser in 20 Minuten gar kochen, abgießen und abdämpfen. Durch eine Kartoffelpresse in eine Schüssel drücken, mit Mehl und Eiern zu einem Teig verarbeiten.

2. Den Teig auf einer mit Mehl bestreuten Arbeitsfläche zu länglichen Rollen formen und in etwa 2 cm lange Stücke schneiden. Mit den Zinken einer bemehlten Gabel ein Muster eindrücken.

3. In kochendem Salzwasser etwa 6 Minuten ziehen lassen, bis sie an der Oberfläche schwimmen. Die Gnocchi mit einem Schaumlöffel herausnehmen.

4. Butter zerlassen, Tomaten und Salbeiblätter darin andünsten, Gnocchi hinzufügen und kurz durchschwenken.

Beilage: Gemischter Blattsalat.

Tipp

Sie können die Gnocchi auch in einer fruchtigen Tomatensauce servieren.

Speckknödel, Mühlviertler Art

Zutaten:

750 g mehlig kochende Kartoffeln
125 g Weizenmehl
1 Ei (Größe M)
Salz
frisch gemahlener Pfeffer
Paprika edelsüß
100 g durchwachsener Speck
1–2 EL gehackte Petersilie
Salzwasser

1. Kartoffeln waschen, in Wasser zum Kochen bringen, in 20–25 Minuten gar kochen lassen, abgießen, die Kartoffeln abdämpfen, pellen, abkühlen lassen, durch die Kartoffelpresse geben.

2. Mehl und Ei unterkneten, den Teig mit Salz, Pfeffer und Paprika würzen. Speck in kleine Würfel schneiden, mit Petersilie vermengen.

3. Aus dem Kartoffelteig mit bemehlten Händen 8–10 Knödel formen, in die Mitte jedes Knödels ein Loch drücken, jeweils 1 Teelöffel Speckwürfel hineingeben, das Loch zudrücken. Die Knödel nochmals rund formen, in kochendes Salzwasser geben, zum Kochen bringen und in 15–20 Minuten gar ziehen lassen (Wasser muss sich leicht bewegen).

Beilage: Grünkohl oder Sauerkraut und Kasseler Rippenspeer oder Schweinebraten mit gemischtem Gemüse.

Klöße halb und halb (6 Portionen)

Zutaten:

Für den Teig:
750 g Kartoffeln
Salz
500 g geschälte, rohe Kartoffeln
1 Ei (Größe M)
65 g Weizenmehl
1 TL Salz

Für die Füllung:
1 Brötchen
30 g Butter

Salzwasser

Zum Bestreuen:
gebräunte Butter oder in Butter gebräunte Semmelbrösel

1. Für den Teig Kartoffeln (750 g) waschen, in Salzwasser zum Kochen bringen, in etwa 25 Minuten gar kochen lassen, abgießen, pellen, sofort durch die Kartoffelpresse geben und bis zum nächsten Tag kalt stellen. Die geschälten, rohen Kartoffeln (500 g) in eine Schüssel mit Wasser reiben, in einem Tuch fest auspressen und zu den gekochten Kartoffeln geben. Ei, Mehl und Salz unterkneten.

2. Für die Füllung Brötchen in kleine Würfel schneiden und in der zerlassenen Butter braun braten. Aus dem Teig mit bemehlten Händen 18 Klöße formen, in jeden Kloß einige Brötchenwürfel drücken, die Klöße in kochendes Salzwasser geben, zum Kochen bringen und in 15–20 Minuten gar ziehen lassen (Wasser muss sich leicht bewegen). Die garen Klöße gut abtropfen lassen.

3. Zum Bestreuen die Klöße nach Belieben mit der gebräunten Butter oder mit Butterbröseln anrichten.

Tipp

Klöße von gekochten und rohen Kartoffeln zu Rouladen oder Schweinebraten reichen.

Schupfnudeln

Zutaten:

300 g mehlig kochende
Kartoffeln
Salz
1 Ei (Größe M)
100 g Weizenmehl
frisch gemahlener Pfeffer
geriebene Muskatnuss
30 g Butter

1. Kartoffeln dünn schälen, waschen, in Salzwasser zum Kochen bringen, in etwa 20 Minuten gar kochen lassen, abgießen, abdämpfen und sofort durch die Kartoffelpresse geben, erkalten lassen.

2. Kartoffelmasse mit Ei und Mehl verrühren, mit Salz, Pfeffer und Muskat abschmecken.

3. Aus der Masse mit bemehlten Händen fingerdicke Röllchen (5 cm lang) formen, an den Enden etwas dünner rollen.

4. Röllchen in kochendes Salzwasser geben, zum Kochen bringen und in 3–4 Minuten gar ziehen lassen (das Wasser muss sich leicht bewegen).

5. Schupfnudeln gut abtropfen lassen. Butter zerlassen und Schupfnudeln kurz anbraten.

Tipp

Zu Schweine- oder Rinderbraten mit Sauerkraut oder Rotkohl reichen. Gut schmecken die Schupfnudeln auch mit Sauerkraut vermischt als vegetarisches Gericht.

Überbackener Kartoffelring (Foto)

Zutaten:

1 kg Kartoffeln
Salz
75 g Butter
2 Eier (Größe M)
frisch gemahlener Pfeffer
geriebene Muskatnuss

1. Kartoffeln schälen, waschen, in Würfel schneiden und in so viel Salzwasser zum Kochen bringen, dass die Kartoffeln bedeckt sind. In etwa 15 Minuten gar kochen lassen, abgießen, abdämpfen und noch heiß durch die Kartoffelpresse drücken oder zerstampfen.

2. Butter und Eier unterrühren und mit Salz, Pfeffer und Muskat würzen.

3. Den Kartoffelbrei in einen Spritzbeutel mit großer Sterntülle füllen und einen Kartoffelring in eine gefettete Auflaufform spritzen. Die Form auf dem Rost in den Backofen schieben.

Ober-/Unterhitze:
200–220 °C (vorgeheizt)
Heißluft:
180–200 °C (vorgeheizt)
Gas: etwa Stufe 4 (vorgeheizt)
Backzeit: etwa 15 Minuten.

Tipp

Den Kartoffelring mit frischem Gemüse, z. B. Champignons, Schwarzwurzeln, Möhren oder Spargel füllen.

Kartoffelpüree

Zutaten:

1,2 kg mehlig kochende Kartoffeln
1 TL Salz
300 ml Milch
geriebene Muskatnuss
1 EL Butter oder Margarine

1. Die Kartoffeln waschen, schälen, abspülen, vierteln und in einen Topf geben. Salz und so viel Wasser zufügen, dass die Kartoffeln bedeckt sind. In 15–20 Minuten gar kochen. Kartoffeln abgießen, abdampfen lassen. Durch eine Presse drücken oder im Topf zerstampfen.

2. Milch mit Muskat und Fett erhitzen. Nach und nach mit dem Rührlöffel oder Schneebesen unter die Kartoffeln rühren.

Tipp

Kartoffelpüree als Beilage zu Leber oder kurzgebratenem Fleisch servieren. Kartoffelbrei nicht mit Handrührgerät mit Rührbesen rühren, denn dann wird das Kartoffelpüree zäh und schleimig.

Kartoffelklöße mit Lauchfüllung

Zutaten:

500 g Porree (Lauch)
160 g Butter
Salz
frisch gemahlener Pfeffer
1,2 kg Kartoffeln
250 ml (¼ l) Milch
100 g Weizengrieß
1 Brötchen
2–3 EL Semmelbrösel
3 l Salzwasser

1. Porree putzen, halbieren, waschen und in feine Streifen schneiden. 50 g Butter zerlassen, Porree darin 6–8 Minuten andünsten. Mit Salz und Pfeffer abschmecken und erkalten lassen.

2. Kartoffeln schälen, gründlich waschen, nicht zu fein reiben, in einem Küchentuch gut auspressen.

3. Milch mit 20 g Butter und Salz zum Kochen bringen. Grieß unter Rühren einstreuen, bei schwacher Hitze etwa 10 Minuten ausquellen lassen.

4. Kartoffeln unter den heißen Grieß mischen, mit Salz abschmecken, Porreestreifen unterheben.

5. Brötchen in kleine Würfel schneiden, 30 g Butter zerlassen, Brötchenwürfel darin braun braten.

6. Aus der Kartoffelmasse mit nassen Händen etwa 12 Klöße formen, in jeden Kloß einige Brötchenwürfel drücken, Teig zusammendrücken.

7. Salzwasser zum Kochen bringen, Klöße hineingeben, zum Kochen bringen. Bei milder Hitze in etwa 20 Minuten gar ziehen lassen, Klöße mit einer Schaumkelle herausnehmen.

8. Restliche Butter zerlassen, Semmelbrösel darin etwas bräunen lassen, über die Klöße geben.

Herzoginkartoffeln

Zutaten:

750 g Kartoffeln
1 Ei (Größe M)
20 g Butter
Salz
geriebene Muskatnuss
1 Eigelb (Größe M)
2 TL Milch

1. Kartoffeln dünn schälen, waschen, in Salzwasser zum Kochen bringen, in etwa 25 Minuten gar kochen lassen, abgießen, abdämpfen, sofort durch eine Kartoffelpresse geben und erkalten lassen.

2. Mit Ei und Butter verrühren, mit Salz und Muskat würzen. Die Masse in einen Spritzbeutel mit großer Sterntülle füllen und in Form von Tuffs auf ein gefettetes, evtl. mit Backpapier belegtes Backblech spritzen.

3. Eigelb mit Milch verschlagen, die Tuffs damit bestreichen, das Blech in den Backofen schieben.

Ober-/Unterhitze: 200–220 °C (vorgeheizt)
Heißluft: 180–200 °C (vorgeheizt)
Gas: etwa Stufe 4 (vorgeheizt)
Backzeit: 10–12 Minuten.

Tipp

Herzoginkartoffeln als festliche Beilage zu Filet, zu Steaks oder gebratener Entenbrust servieren.

Kartoffelplätzchen mit Käse überbacken

Zutaten:

750 g Kartoffeln
Salz
100 g Weizenmehl
1 Ei (Größe M)
frisch gemahlener Pfeffer
geriebene Muskatnuss
175 g geriebener Parmesan
40 g Semmelbrösel
50 g Butter

1. Kartoffeln waschen, mit Salzwasser bedeckt zum Kochen bringen und in 20–25 Minuten gar kochen lassen. Kartoffeln abgießen, abdämpfen, pellen und durch die Kartoffelpresse geben.

2. Mehl, Ei, Salz, Pfeffer und Muskat zu den Kartoffeln geben, alles miteinander vermischen.

3. Etwa ⅔ des Parmesan untermischen.

4. Auf ein gefettetes Backblech Kartoffelmasse ½ cm dick mit dem Messer auftragen. Etwa ½ Stunde kühl stellen.

5. Plätzchen von etwa 3 cm Durchmesser ausstechen.

6. Eine feuerfeste Form ausfetten, die Kartoffelreste, die beim Ausstechen übrig geblieben sind, unten in die Form geben, die Kartoffelplätzchen schuppenförmig darauf legen. Mit dem restlichen Parmesan und Semmelbröseln bestreuen. Mit zerlassener Butter übergießen.

7. Im Backofen so lange überbacken, bis eine goldbraune Kruste entstanden ist.

Ober-/Unterhitze:
etwa 220 °C (vorgeheizt)
Heißluft:
etwa 200 °C (vorgeheizt)
Gas: Stufe 4–5 (vorgeheizt)
Backzeit: etwa 10 Minuten.

Tipp

Die Kartoffelplätzchen zu kurz gebratenem Fleisch oder mit Gemüse oder Salat als vegetarisches Gericht servieren.

Kapitelregister

Suppen & Salate

Kartoffeln aus der Pfanne

Kartoffelgratins & Aufläufe

Kartoffelklöße & -pürees

HEYNE KOCHBUCH
07/2028

Herausgeber:	Genehmigte Lizenzausgabe für den Wilhelm Heyne Verlag, München, 2001 http://www.heyne.de
Copyright:	© 2001 by Dr. Oetker Verlag KG, Bielefeld
Titelgestaltung:	Kontur Design GmbH, Bielefeld
Grafisches Konzept:	Andrea Kelger, Bielefeld
Gestaltung:	MDH Reiner Haselhorst, Bielefeld
Redaktion:	Jasmin Gromzik, Miriam Krampitz
Rezeptberatung:	Annette Elges, Bielefeld
Fotos:	Thomas Diercks, Hamburg Fotostudio Hailight, Düsseldorf Ulli Hartmann, Bielefeld Ulrich Kopp, Füssen Bernd Lippert, Bielefeld Herbert Maass, Hamburg Christiane Pries, Borgholzhausen Fotostudio Toelle, Bielefeld Brigitte Wegner, Düsseldorf Hans-Joachim Schmidt, Hamburg Winkler Studios, Bremen Bernd Wohlgemuth, Hamburg
Satz:	Typografika, Bielefeld
Reproduktion:	Fröbus Firmengruppe, Köln
Druck:	Offizin Andersen Nexö, Leipzig

Printed in Germany gedruckt in leipzig

ISBN 3-453-19106-4